Photos de couverture
Jean-Claude Coutausse

ISBN : 2-7470-1310-3

3, rue Bayard, 75008 Paris

Dépôt légal : mars 2004

Chemin de mort,
chemin de vie...

BAYARD

Chemin de mort,
chemin de vie...

Événement

Un journaliste pour rédiger un « chemin de croix » ! Étrange télescopage entre la surface des événements et la profondeur des choses. Sacrilège rapprochement entre l'immédiateté de cette collection d'instants que l'on appelle l'« actualité » et l'événement fondateur du christianisme ! L'idée en est pourtant venue, fin 2002, au P. Didier Le Riche, alors curé de Saint-Pierre-de-Chaillot à Paris, paroisse qui déroule, chaque Vendredi saint, dans les parages du « triangle d'or », une procession méditative et respectée.

Pourquoi, passé le premier moment de stupéfaction, avoir finalement accepté de se livrer à cette « couverture » journalistique de l'événement des événements ? Pourquoi avoir dominé la tentation d'abandonner et cette peur paralysante du « sujet » alors que, plume inlassable, rien de ce qui est humain ne nous fait peur dans l'ordinaire de la quotidienneté ? Empires, guerres, grands de ce monde, heurs et malheurs des gens : rien ne retient jamais la plume ni ne la fait vaciller. Elle se mêle de tout. Mais, quand même, le procès de Jésus ! Mais la mort du Christ ! Mais sa Résurrection ! Sans doute le carburant de ce toupet qui nous fit accepter le défi – il en fallut pour traiter de cela – fut-il moins de se mesurer à l'incommensurable que de rendre service à d'autres, par plume prêtée. Service à ceux qui croient – après deux mille ans – que la croix demeure chemin de mort, chemin de vie, chemin de sens. À tous les vivants que nous sommes, tous les morts que nous serons, et tous les vivants que nous deviendrons. Et puis, apporter, à son modeste niveau de « professionnel de l'information », le service d'une actualité qui ne passe pas, c'était aussi un engageant défi !

Le chemin de croix comme fait d'actualité, comme événement digne d'ouvrir le « Vingt heures » ? Oui, car, chaque soir, sans qu'on s'en rende compte, c'est par cela qu'on « ouvre ». Sans qu'on en fasse le lien. Sans que l'on comprenne que le récit des évangiles est le « journal » le plus actuel, le plus contemporain, le plus vivant de notre époque. Dépêche après dépêche, reportage

après enquête : ce qui fut au temps de Jésus et ce qui demeure dans le nôtre, est là, sous nos yeux. Et l'injustice, et la bêtise,
et la haine, et la force de la force, et la force de la faiblesse, et le travail du mal,
et la tendresse, et la joie, et la lumière.

Durant des jours et des semaines, l'auteur (qui n'aime pas dire « je », mais chacun aura compris…) tourna autour du pot, autour des mots. Puis, un beau matin, il se lança et, sans jamais reprendre son souffle, il écrivit d'un trait le texte de ces quatorze « stations ». Puis il lui fallut les « annoncer », par une puissante « sono », dans le silence d'un des quartiers les plus huppés de Paris. Sa voix vacillante dominait une foule qui marchait sous le soleil. Jamais il n'avait éprouvé à ce point la limite du journalisme. Ni, parfois, sa tremblante utilité.

1re station

Jésus est condamné à mort

1

Ce sera donc le « couloir de la mort », dernier chemin d´humanité. Il est long. Il est silencieux. Il est éclairé artificiellement. Il est climatisé. Jamais le soleil n´y a pénétré. Sécurité d´abord ! Le condamné pourrait encore nuire. Il pourrait faire du tort à la société, au nom de laquelle la justice vient d´être rendue. Il sera éliminé de la surface de la Terre. Tant que le sang coulera dans ses veines, les honnêtes gens ne seront pas complètement tranquilles. Innocent ? Victime d´une erreur judiciaire ? Mal jugé ? Trop tard ! La peur a tranché. Le droit passera sur ce corps. Long couloir, trop court chemin de la vie ! La justice humaine n´a que faire de l´hypothèse de l´injustice. Et puis, ne sommes-nous pas tous mortels ? Ne sommes-nous pas tous voués à les entendre résonner, mêlés, les pas du bourreau et ceux de sa victime ? La menace immémoriale plane sur nous : « Vivants, nous sommes tous condamnés à mourir. Alors, meurs donc, toi le condamné ! Meurs au nom de notre mort ! »

Sécurité d´abord !
Le condamné pourrait encore nuire.

Il sera éliminé de la surface de la Terre.

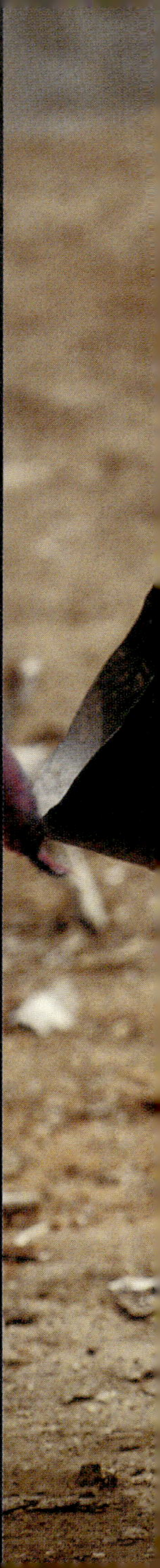

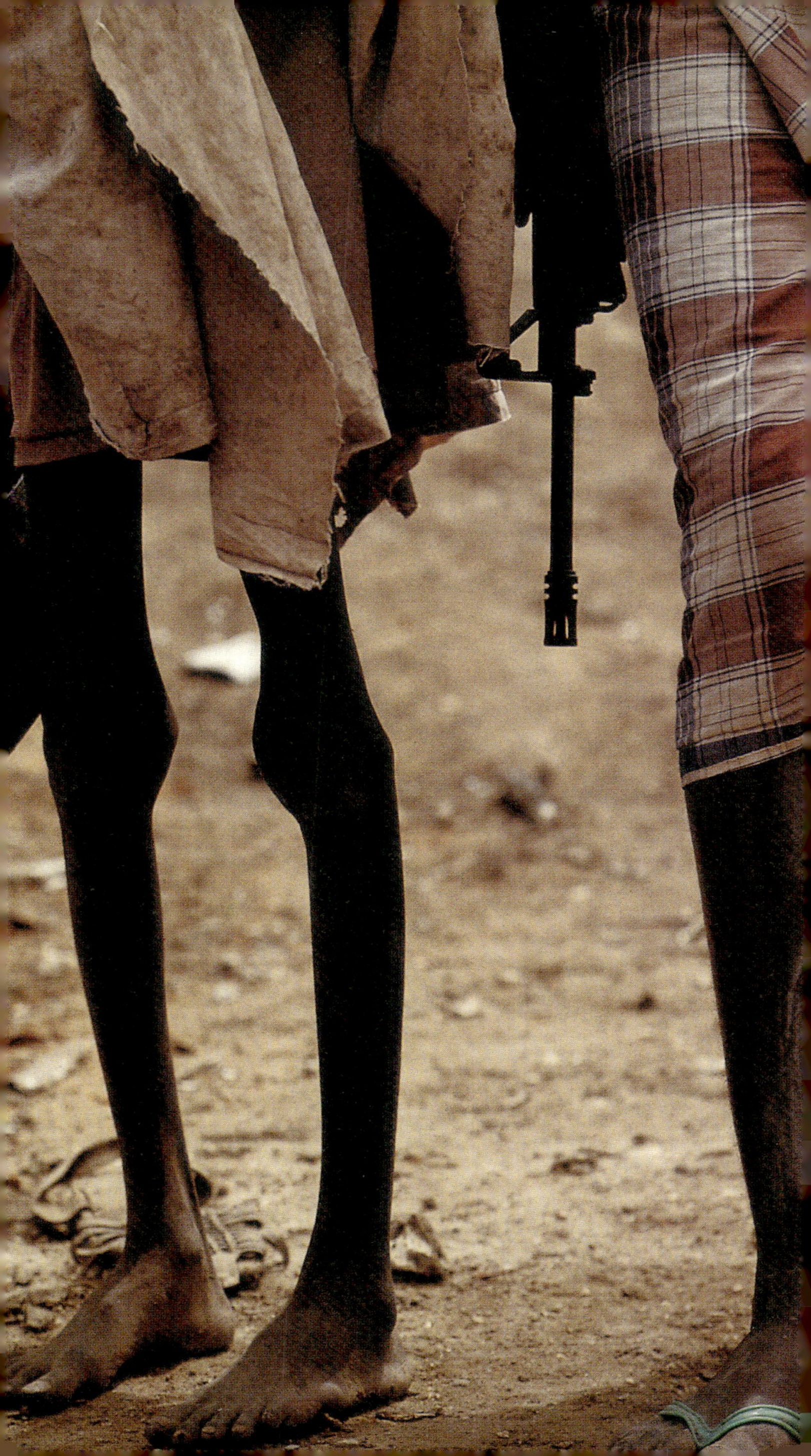

2e station

Jésus est chargé de sa croix

Il ne suffira pas de mourir. Il ne suffit pas d´avoir été condamné. Il faut, soi-même, mettre la main à la pâte. Le sadique, dans son imaginaire pervers, ne se contente pas d´éliminer ou de faire souffrir. Il faut que la victime du bourreau prête main-forte au bourreau. Il faut qu´elle soit consentante. Il faut qu´un jour, sait-on jamais, quelqu´un puisse attester qu´elle se sentait un peu coupable. N´a-t-elle pas participé activement à son propre supplice ?
N´a-t-elle pas, en quelque sorte, appelé sur elle le malheur dont elle se prétend accablée ?
Son masochisme aura trouvé,
dans la cruauté du sadique, son complément, son complice et son miroir. Victimes de toutes violences - femmes, enfants, vieillards, hommes doux -, n´avez-vous pas attiré, par votre attitude, les pulsions infernales et les coups de l´homme brutal, humain, trop humain ? Enfants, femmes, vieillards, hommes doux, qui peut
se prétendre absolument innocent ?
Alors, victimes, portez donc
le fardeau de vos fautes !

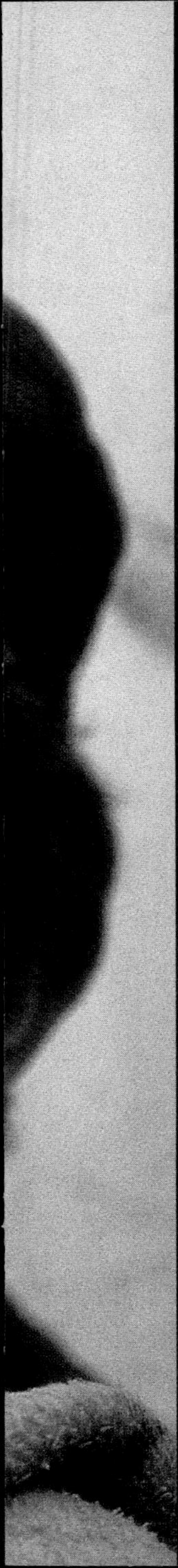

Victimes de toutes violences,
n´avez-vous pas attiré,
par votre attitude,
les pulsions infernales et
les coups de l´homme brutal,
humain, trop humain ?

3e station

Jésus tombe pour la première fois

Plus dure sera la chute. C´est l´accident, c´est la glissade, c´est le choc. À force de tituber sous les yeux des passants, l´homme s´est retrouvé face contre terre. Le visage dans le caniveau. Tuméfié. Les interprétations fusent : « Il aura trop bu ! C´est un ivrogne ! Regardez son allure, ses vêtements dépenaillés ! » À moins qu´il ne se soit battu ? Ou drogué ? Et les mères d´éloigner leurs enfants : « Allons, viens donc, ce n´est pas intéressant. » Et les époux de presser leur femme trop curieuse : « Viens, mais viens donc. Nous allons être en retard ! » Chaque jour tombent des hommes, lestés de leur malheur, laissant les badauds interloqués. Chaque jour, des hommes jonchent les trottoirs, s´affalent de faiblesse. Ce n´est pas un spectacle pour les enfants. On ne va tout de même pas s´arrêter pour si peu. Il y a des gens pour s´occuper de cela. Il y aura bien quelqu´un pour téléphoner au Samu, aux pompiers, à la police. Il y aura bien quelqu´un pour sortir son téléphone. Au sol, l´homme tarde à se relever. Il est couvert de boue, à moins que ce ne soit de honte. C´est tout juste si les autos pressées ne roulent pas sur ce paquet informe qui n´a plus rien d´un homme. C´est à peine si c´est un homme.

C´est à peine si c´est un homme.

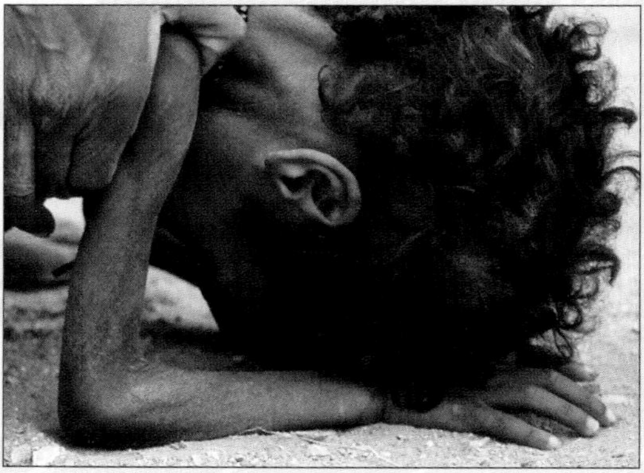

4e station

Jésus rencontre sa mère

Voici le regard. Voici le visage. Voici la tendresse inépuisable. À la sortie du tribunal, les caméras de télévision ont volé quelques images du condamné et de ses proches. Malgré les gendarmes qui tentaient d´éloigner les voyeurs médiatiques. On les a montrées, ces images, le soir, au journal de vingt heures. En gros plans indiscrets. Voici la femme qui a donné le jour à celui qui va mourir. Voici la matrice de ce malheur qui va finir. Dans l´imperceptible mouvement de ses paupières, dans la délicatesse entraperçue des larmes, un mystère humain. Cette femme, cette mère, ce pourrait être la nôtre ! Elle est belle comme la nôtre ! Comme la nôtre, elle a tout pardonné, parce qu´elle a tout compris, tout aimé. Elle n´a d´yeux que pour son fils, qui pourrait être le fils de notre mère. Elle tremble intérieurement. Elle est comme dépassée par les événements. Elle a suivi le procès, dans un brouillard. Si elle savait parler devant les micros, elle crierait à l´innocence bafouée. Mais elle ne sait pas. Elle n´a que son visage, son regard, sa tendresse à tendre vers le fils menotté.

Elle n´a d´yeux que pour son fils,

qui pourrait être le fils de notre mère.

5e station

Siméon le Cyrénéen aide Jésus à porter sa croix

Dans la foule hystérique, c´était presque l´unanimité. « À mort ! » « Salaud ! » « Tu fais moins le fier, hein, maintenant ! » Foule abrutie de simplisme et de méchanceté. Foule qui rend bête, foule qui hurle, foule des slogans haineux et des fureurs qui se croient sacrées. Foule de lynchage, attirée par le sang. Foule des bonnes consciences qui tendent les poings vengeurs vers les fourgons cellulaires. Foule qui rend la justice, à sa manière, par des vociférations, des sarcasmes et de la lâcheté. Mais, parfois, dans la foule agglutinée aux portes du malheur, un homme libre se dresse. Il tranche sur le reste. Il crie : « Ça suffit ! Taisez-vous ! Ne voyez-vous pas dans quel état se trouve le condamné ? Ne voyez-vous pas qu´il souffre mille morts ? » Il brave les braves gens. Il fait de sa conscience un rempart contre les bonnes consciences. Il va, seul, vers le méprisé. Il le soulage d´une partie de son fardeau. En agissant ainsi, en sortant de la foule, il se prépare un avenir plein d´ennuis. Il se moque des conséquences. Il ne tremble pas pour sa réputation. Il s´est dressé, au mépris de sa carrière, de son statut, de sa place dans la société. C´est un dissident. Il sera marqué à vie par cette imprudence.

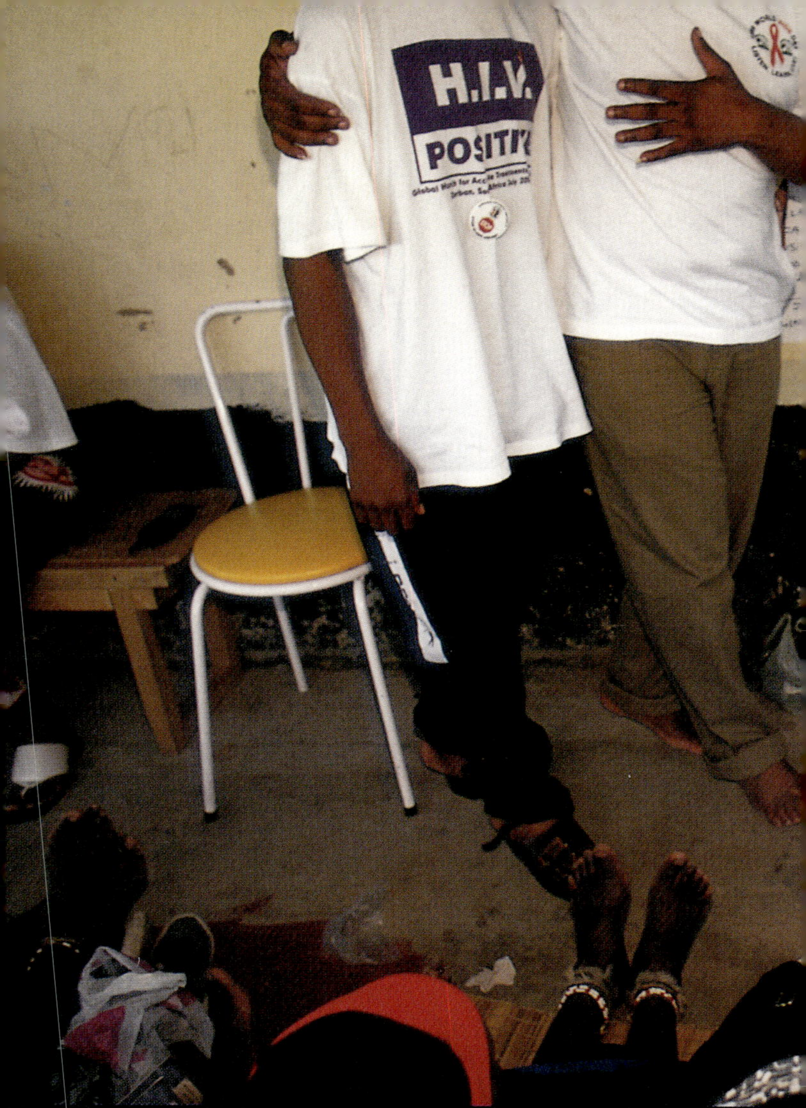

Il s´est dressé, au mépris de sa carrière
C´est un dissident. Il sera marqué à vie

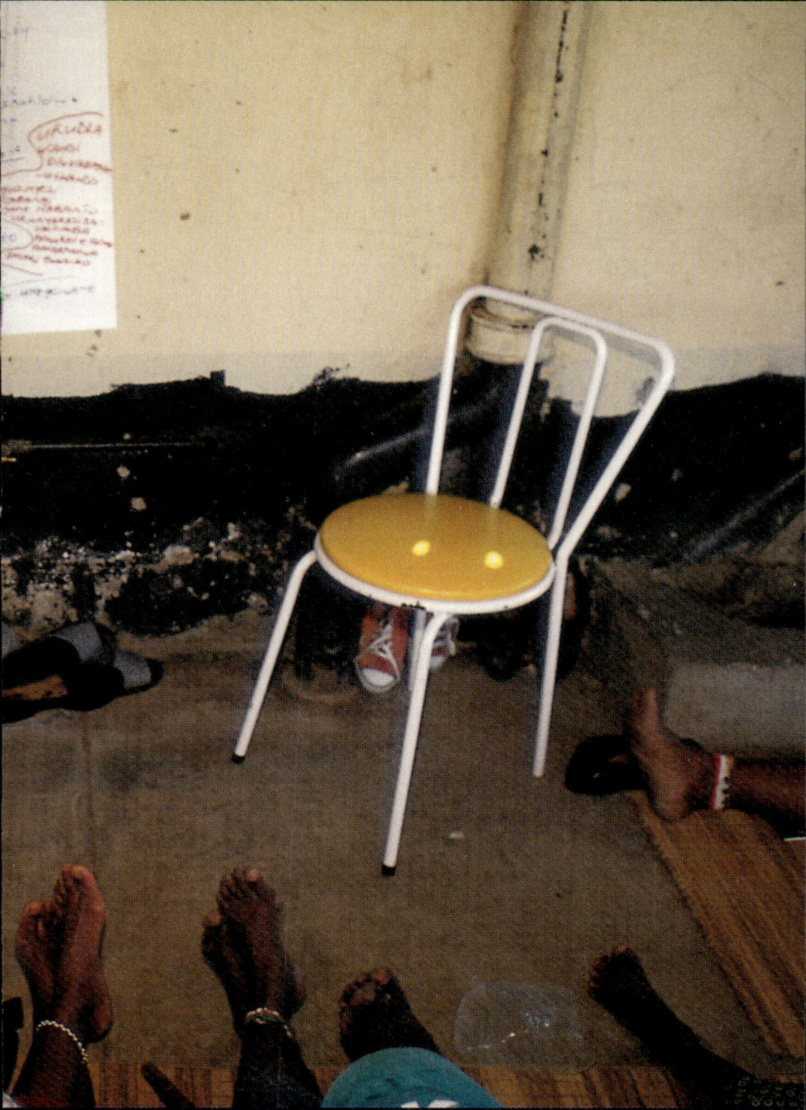

de son statut, de sa place dans la société.
par cette imprudence.

6e station

Véronique essuie la face de Jésus

Ah ! Si un photographe avait pu se trouver là, au bord de ce fossé où le blessé sanglant venait d´être atteint ! S´il avait pu fixer, pour l´éternité médiatique, le moment où une femme aux longs cheveux d´or s´est penchée vers le malheur et, de son beau châle blanc, a nettoyé la face tuméfiée ! Mais l´accident se produisit sans autres témoins que des « témoins oculaires ». Accidentés secourus dans la nuit, sans projecteurs, sans caméras. Blessés de toutes les guerres, y compris de celles qui ne disent pas leur nom. Petits gestes qui ne sauvent pas de la mort qui vient, mais qui atténuent, par la tendresse sans calcul, par la simple fraternité, ce qui abîme les visages. Tout souffrant a droit à son visage. Il ne s´agit pas d´esthétique, encore moins de « bonne présentation ». Quand le bombardé perd son sang, quand la victime de l´attentat est aveuglée, ils conservent le droit à la lumière. Chaque jour, sur terre, sur tous les fronts de la violence, des Véronique, parlant toutes les langues de la tendresse, essuient en silence les larmes et le sang mêlés.

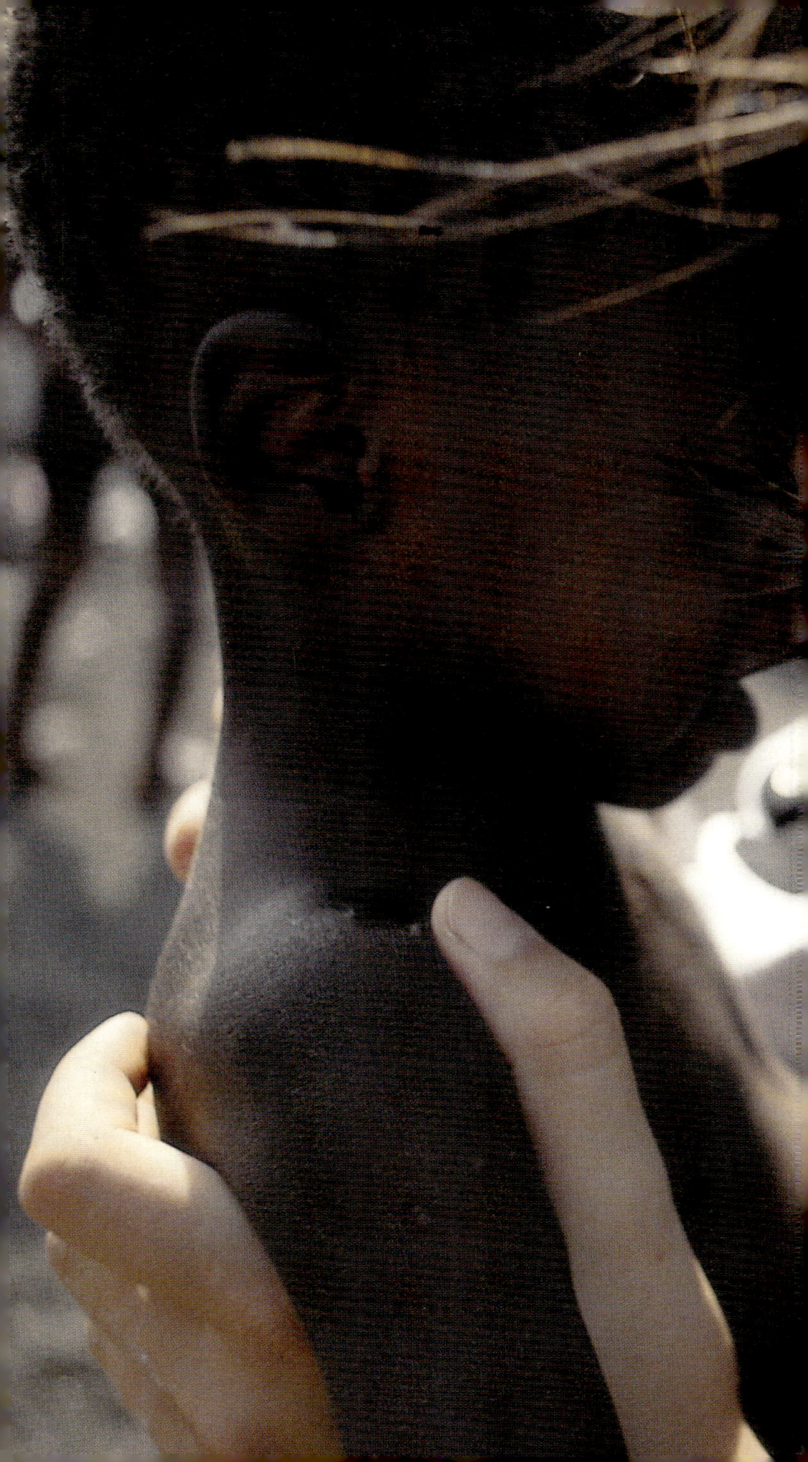

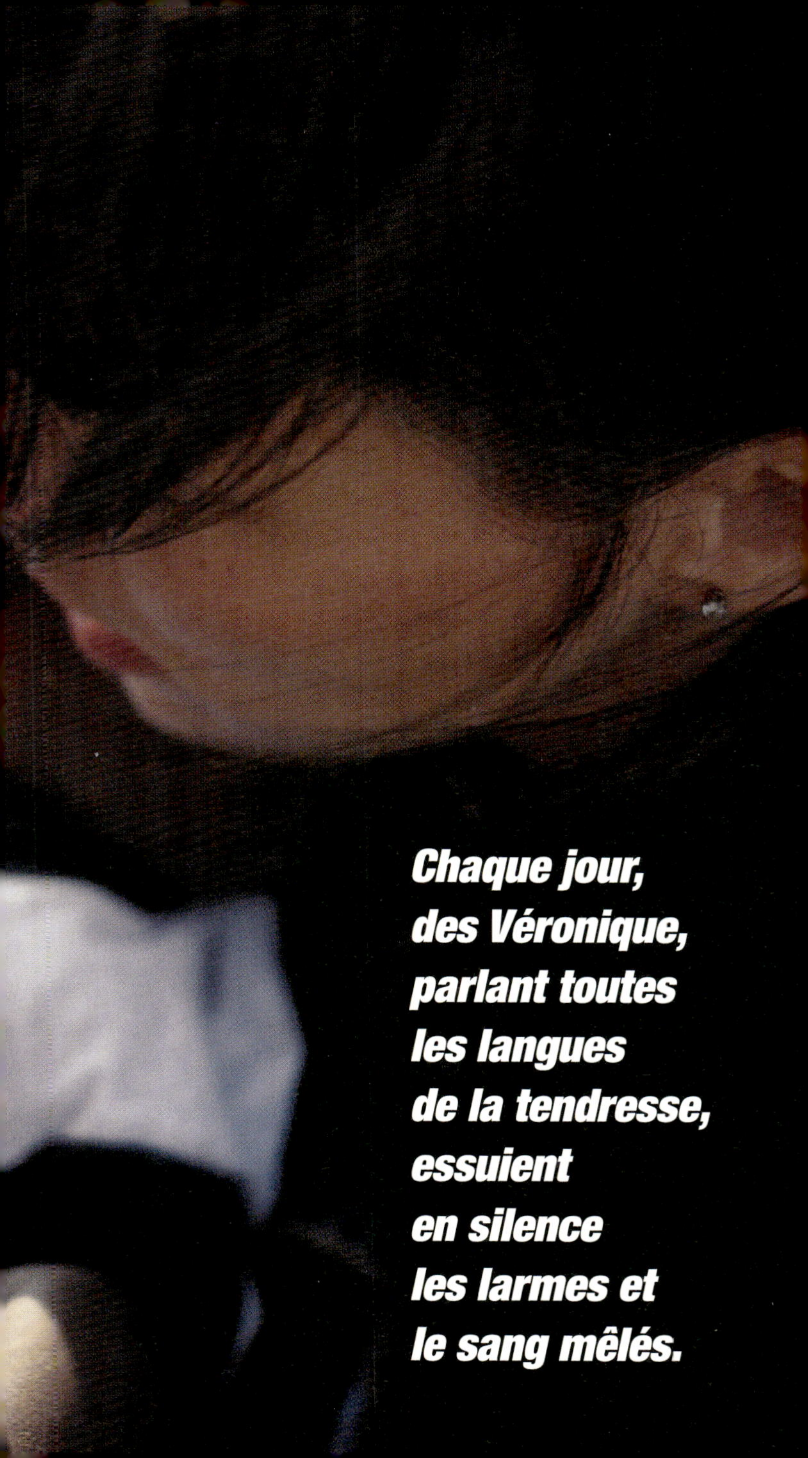

Chaque jour,
des Véronique,
parlant toutes
les langues
de la tendresse,
essuient
en silence
les larmes et
le sang mêlés.

7e station

Jésus tombe pour la deuxième fois

Récidive ! Récidive de l´humiliation. La souffrance, comme un cycle toujours recommencé. À peine redressé, à peine franchis quelques nouveaux mètres sur le chemin raboteux de l´existence, voici qu´il faut de nouveau subir ce à quoi on pensait avoir définitivement échappé. Il y avait eu un mieux. Il y avait eu une guérison. Les amis s´étaient réjouis : « On voit bien que vous avez franchi le cap ! Ça y est ! Vous êtes tiré d´affaire ! » On n´est jamais tiré d´affaire. Le mal sournois s´est réinstallé, après sa courte défaite. Après le travail retrouvé, le chômage revenu. Après le deuil accompli, le nouveau deuil à faire. Après la paix revenue, la guerre qui montre à nouveau son mufle affreux. Après les plages nettoyées, les plages souillées une énième fois. C´est Sisyphe, découragé par son rocher ! La vie humaine, c´est comme l´actualité inlassable du malheur. Du pareil au même et du pareil au pire ! Chute, rechute. Quelle est donc cette force qui nous tire vers le bas ? Quelle est donc la cause de cet accablement qui ne finit jamais ? Pauvre homme debout, debout provisoirement !

Quelle est donc la cause de ce

accablement qui ne finit jamais ?

8e station

Jésus s'adresse aux filles de Jérusalem

Voici qu´approche la fin. Le vieil homme sage, terrassé par la dernière attaque, sait que, cette fois, son compte est bon. Il va lui falloir mourir. Il y a, en bas de l´immeuble, un véhicule de pompiers que les passants regardent avec effroi. Le gyrophare allumé clignote en silence. Des proches, alertés, des enfants, des petits-enfants, sont accourus pour entourer le mourant. Tandis que les secours s´affairent, ils bredouillent des paroles de consolation. Ils n´arrivent pas à retenir leurs larmes. Ils voudraient pouvoir faire semblant d´y croire. Mais lui, il ne se fait plus aucune illusion. « Je sais bien que je vais partir. J´ai fait mon temps. Cette fois-ci est la bonne. Mais ne vous inquiétez pas pour moi. C´est à vous, maintenant, qu´il faut penser. » Ils lui tiennent la main en tremblant. Ils pleurent sur lui, ils pleurent sur eux-mêmes. Ils pleurent sur la séparation, sur le passé qu´ils se remémorent, sur les occasions manquées, sur la fatalité de notre mortalité. Ils pleurent sur la rupture. Ils pleurent sur ce qu´ils n´ont pas su lui dire, quand il était vivant. Ils ne savent pas encore qu´un jour ils le retrouveront, et que ce jour n´aura pas de fin.

Mais ne vous inquiétez pas pour moi. C´est à vous, maintenant, qu´il faut penser.

9e station

Jésus tombe pour la troisième fois

Deux malheurs n´arrivent jamais seuls ! Il y a des jours où les événements s´acharnent. Il suffit d´écouter la radio. Le matin, dès le réveil, toute la violence humaine nous tombe sur la tête, la haine accable nos esprits, la souffrance perturbe nos âmes. Les titres de l´actualité nous assomment comme les coups répétés sur la face d´un boxeur. Une jeune femme brûlée vive en pleine rue, à deux pas de chez nous. Un marginal battu à mort par un groupe de jeunes, ivres d´alcool et de cynisme sans rivages. Des fidèles massacrés, dans un pays lointain, par des terroristes, tandis qu´ils priaient Dieu. De combien de chutes et de rechutes les événements du monde sont-ils faits ? La nappe phréatique de la haine, les ressources de la brutalité et de la bestialité ne seront-elles jamais épuisées ? Une fois, deux fois, trois fois, mille fois, par les images et par les mots, l´humanité se regarde dans un miroir grimaçant. Certes, chaque matin est une aube nouvelle, mais comme elle se gâche vite ! Et comme nous aspirons aux aubes transparentes !

De combien de chutes et de rechutes les

vénements du monde sont-ils faits ?

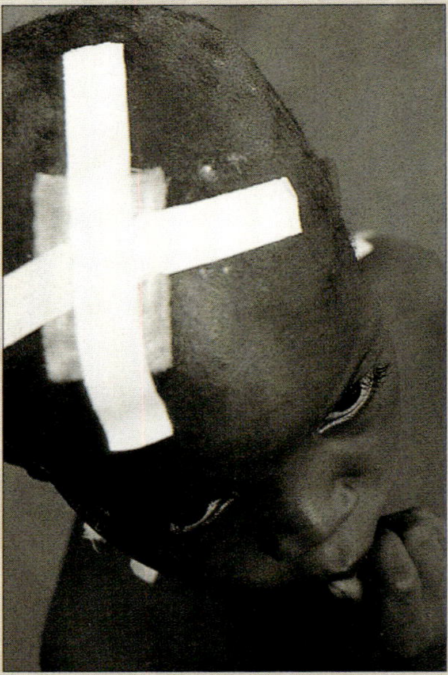

10e station

Jésus est dépouillé de ses vêtements

Il y a pire que les coups. Il y a pire que les cris, les menaces ou les crachats. Il y a la fouille à corps. Il y a les files indiennes des camps où les dénudés, dans le froid, sont rassemblés. Il y a l´intimation de l´humiliation : « Déshabille-toi ! Et plus vite que ça ! Et complètement ! » Il y a le corps rendu objet, pour annuler le sujet. Il y a l´homme ou la femme « à poil », dans la nudité forcée des abaissements. Le corps volé, le corps violé. Le beau corps, qui fut honoré par les tendresses, le beau corps du désir, devenu une chose, ravalé. Corps détourné, corps trébuchant, transi, tremblant. Corps apeuré, montré à son corps défendant. Victimes nues des catastrophes, exhibées dans les magazines. Victimes dites consentantes des publicités racoleuses, frôleuses, obscènes et lucratives.
Corps affiches, corps produits, corps offerts.
Corps ramassés, corps retrouvés des lendemains de catastrophes, blêmes et souillés. Corps en morceaux.
Tout ce qu´on fait au corps d´un homme, c´est à tout homme qu´on le fait.

Tout ce qu'on fait au corps d'un homm

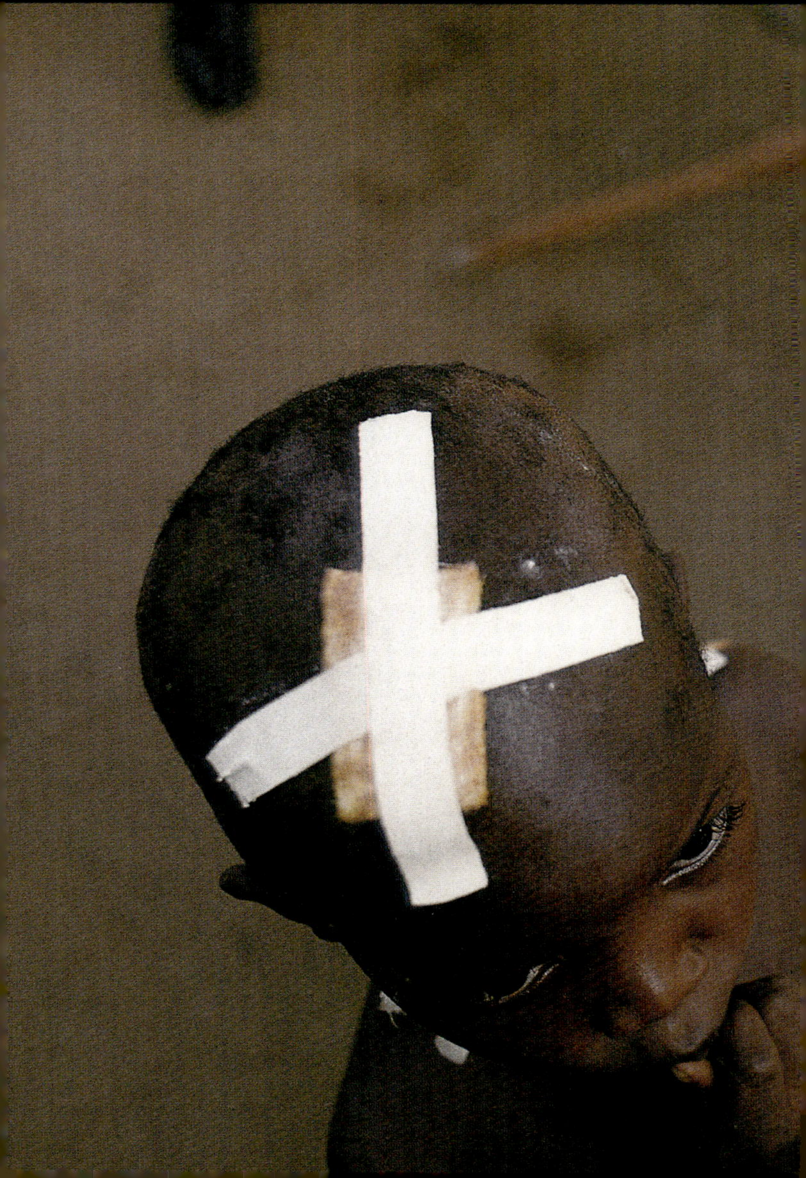

c'est à tout homme qu'on le fait.

11e station

Jésus est attaché à la croix

L´inventivité de l´homme est inlassable. Il a la science, la technique. Il possède tous les atouts. Il peut tout faire, tout imaginer. Tant qu´à tuer, autant le faire efficacement. Tant qu´à faire mourir, autant varier les possibilités. Telle époque, tel supplice, et tels instruments de mort. Ingénieurs, techniciens, n´oubliez pas la mort ! L´outil a fait la civilisation, l´instrument de torture a suivi les civilisations. À coups de pierre, puis de fer. Avec des masses d´armes, puis des flèches, puis des lances. Écartelé, pendu aux arbres, cloué sur des croix de bois, guillotiné, fusillé, gazé, le supplicié n´a pas le choix de son époque. Au bord de la dernière heure, l´instrument du sinistre passage est fourni sans possibilité de le refuser. Voici le produit explosif concocté par le fanatique terroriste, dans sa cave ou son appartement. Voici le bombardier monté à grands frais dans les usines perfectionnées. Voici le pistolet d´où la mort jaillira. Voici la perfusion pour pratiquer l´injection létale. Voici la corde, voici le bois, voici le métal. Et voici, au bout du canon ou simplement au bout du bras, les armes qui tuent. Voici l´homme visant l´homme.

Et voici, au bout du canon ou simplemen
les armes qui tuent. Voici l'homme visan

u bout du bras,

12e station

Jésus meurt sur la croix

12

Tout est dit. Il n'y a plus rien à escompter des vivants. Il n'y a plus rien à attendre des survivants. Ils sont déjà dans un « ailleurs » brumeux et vague, où l'on n'a plus accès. C'est comme une entrée dans le coma, un coma du doute, un tunnel de la peur. N'y a-t-il donc plus personne sur cette Terre ? N'y a-t-il donc pas de bras secourable ? Pas de miracle à espérer ? Y a-t-il quelqu'un qui puisse entendre le cri, la plainte qui sort de l'homme exténué ? Seul, dans la nuit d'encre, attaqué lâchement par des mains invisibles, l'agonisant n'a même plus la force de penser. Il vit ce que Pascal annonce, dans la plus brève de ses Pensées, la plus terrible : « On mourra seul. » Mourir seul ! Comment vivre seul ? Pourquoi lutter seul ? Comment croire, seul ? Pas de main pour une dernière caresse. Pas de parole murmurée à l'oreille de l'agonisant. Tous ceux qui mourront seuls, à cause des instruments inventés par l'espèce humaine, ne le savent pas encore.

N'y a-t-il donc plus personne sur cett

erre ?

13e station

Jésus est déposé de la croix et remis à Marie

« La dépouille a été remise à la famille. » Un avion, affrété spécialement et salué à l'aéroport par les autorités, l'a déposé sur le sol natal. Du sol au sol. Catastrophe lointaine, guerre, épidémie, vient toujours le moment où le corps fait l'objet d'un transport. On le ménage comme on ne l'a jamais ménagé de son vivant. Ou plutôt si, comme sa mère, après la naissance, l'a surveillé, entouré, protégé. Le mort est redevenu enfant. Enfant sans paroles. Enfant sans cris. Enfant sans besoins, sans palpitations, sans cauchemars à consoler. Quand ils sont plusieurs, on édifie des « chapelles ardentes », pour une première prière, pour une dernière solidarité collective. Les caméras seront admises. Les familles, ensuite, récupéreront les corps morts. Avec l'aide de professionnels compassés. On meurt seul ; mais, mort, on est accompagné. Maigre consolation. Quand la mère s'effondre sur le cercueil trop brillant, trop neuf, quand elle enlace le bois de la séparation, il faudrait être une pierre pour rester de marbre. Rendre un corps d'enfant à sa mère, c'est un devoir, bien sûr. Mais c'est le signe absolu de l'absolument inacceptable.

Il faudrait être une pierre pour reste

de marbre.

14e station

Jésus est mis dans le sépulcre

Le calme est revenu. Les larmes ne vont pas tarder à sécher. Au bout du tunnel, le silence se fait tombeau. Il se fait cimetière statique, environné d'une nature fraîche et paisible. Des oiseaux chantent. Il n'y a plus grand-chose à dire. Il n'y a plus grand-chose à faire. Les occupations liées aux obsèques sont achevées, elles qui détournaient un peu de la peine. Le corps caché est placé dans une obscurité définitive. On pose des fleurs sur les pierres. On remercie ceux qui ont fait le déplacement. Il n'y a plus de caméras. Plus d'officiels. Plus de juges ni de bourreaux. La mort est passée. Cette mort ne fera plus l'actualité. Passons à autre chose, à d'autres vies, à d'autres préoccupations. Il faudra bien consentir à se détourner, à quitter lentement le champ du repos. Il faudra jeter un dernier regard. Confier sa dernière peine à Dieu. Confier que l'on ne comprend décidément pas. Avouer que l'on attendait autre chose de l'existence. Croire, même, que tout n'est pas dit. Croire que les apparences sont fausses. Et qu'il y aura, dans un jour, dans trois jours, une aube nouvelle. Un soleil inouï se levant, de ce tombeau, sur le jardin des hommes.

Croire que les apparences
sont fausses.
Et qu'il y aura, dans un jour,
dans trois jours,
une aube nouvelle.

Lumière

Jardin des hommes… La créature méditant au milieu de la Création pour un contrat d'éternité. Serait-ce un rêve, un mirage consolant, à nous légué par nos pères (et nos mères…) ? Toutes ces souffrances endurées, toutes ces brutalités dominées, l'auraient-elles été au nom d'une revanche fictive, ou seulement momentanée ? Ni l'un ni l'autre ! Il n'y a pas de revanche dans la Résurrection : la preuve, c'est que le Christ n'en profitera même pas, au sens où on le dirait d'un puissant qui reviendrait « aux affaires » après en avoir été, un moment, écarté. Le Christ ne reviendra pas pour régler ses comptes ! Il lui suffira de nous avoir dit ce qu'il avait à dire.

Regardons autour de nous comment, dans chaque espace de vie, dans chaque instant de la moindre de ces « vies minuscules » évoquées par Pierre Michon, il y a de foudroyantes traversées de lumière, d'intenses jaillissements de ce qui nous dépasse, des preuves du Verbe ! Le mal, certes, est à l'œuvre avec une inlassable

obstination et nous savons trop bien lui prêter main-forte. Chaque soir charrie ses mauvaises nouvelles portant au désespoir ou à la platitude de l' « à-quoi-bon ? ». Mais chaque aube nouvelle nous rappelle que le « premier matin du monde » dépend de nous, de notre aptitude à l'accueillir, à nous y prêter. Page blanche qui attend l'encre de nos mots.

Au plus profond du noir abandon, au plus dense de l'obscurité de l'Histoire et des trajectoires personnelles, toujours s'opère un entrebâillement. Les plus lourdes portes de fer laissent toujours passer un rai de lumière. Dans les plus cruels abandons, nous croisons un visage, nous fixons notre regard sur un autre regard.
Plus personne, jamais, ne sera seul.

« Quoi ? L'éternité ! » Oui, l'éternité. Chaque instant l'annonce. Nulle mort n'en signifie la fin. Chaque heure humaine en sonne le début.

Légendes des photos

Couverture

Traces de pas, quelque part dans le désert d'Arabie Saoudite (1991).

1re station

Dans un centre de distribution de vivres de la Croix-Rouge, à Baidoa en Somalie (1992).

2e station

Un père et son fils, réfugiés bosniaques, à Travnik (1993).

3e station

Dans le quartier musulman assiégé de Mostar, en Bosnie (1994).

4e station

À Baidoa, en Somalie, une mère relève son enfant qui souffre de la famine (1992).

5e station

En Afrique du Sud, des sangomas, guérisseurs zoulous, s'informent sur la prévention du virus du sida (2000).

6e station

À Goma, dans la République démocratique du Congo (ex-Zaïre), une bénévole réconforte un petit orphelin rwandais (1994).

7e station

Dans le camp de réfugiés rwandais de Mugunga, près de Goma (1994).

8e station

Centre gériatrique de Villejuif (1993).

9e station

Une famille bosniaque marche dans une rue de Sarajevo assiégé durant l'hiver (1994).

10e station

Dans l'hôpital de Bo, Sierra Leone, un enfant victime des violences de la guérilla (1996).

11e station

Combats à Okucani, en Croatie (1991).

12e station

Dans le camp de réfugiés de Liboï, au nord du Kenya, une jeune Somalienne marche au milieu des marabouts (1992).

13e station

Un cimetière aménagé en toute hâte sur un terrain de football de Sarajevo, en Bosnie (1992).

14e station

Le cloître de Saint-Trophime, en Arles (2001).

Photogravure IGS à l'Isle-d'Espagnac